AF336169

UN
VIEIL ÉLECTEUR

AUX

MINISTRES DE SA MAJESTÉ ;

ET CHANSON DES JOUISSANCESELECTORALES ,

Avec un air composé exprès et gravé pour le piano.

A PARIS ;

CHEZ L'HUILLIER, LIBRAIRE, RUE DAUPHINE, N. 36.

1824.

VIEIL ÉLECTEUR

AUX

MINISTRES DE SA MAJESTÉ.

« Il y a parmi vous un homme de talent et un homme d'esprit. Il faut une voix sonore pour se faire entendre du premier ; des faits et des raisons feront peut-être impression sur le second. Mais tous vous savez déjà que le parti par lequel vous voudriez gouverner, ne se laisse pas gouverner par vous. Ce fait, plus puissant que vos argumens de chaque jour, portera ses résultats inévitables : vous les subirez. Toutefois, laissons ces motifs puisés dans l'intérêt personnel, qu'il faudrait bannir des discussions politiques. Voyons de plus haut.

Tout a été dit sur la violation de la Charte : il restera peu à dire sur la septennalité en elle-même, quand ce projet sera soumis aux chambres. Les paroles solennelles du roi législateur : *Je maintiendrai ;* sa promesse qu'aucun article de la Charte ne sera revisé ; son appel à l'armée, aux gardes nationales et à tous les citoyens, pour veiller sur le dépôt de cette loi de l'état, quelques ministères tombés pour y avoir porté atteinte, tout cela vous est connu. Je quitte ce terrain.

« Vous êtes mus, dites-vous, par l'intérêt du trône et du pays, et vous pensez le bien servir. Ceci est en question. Que certaines personnes craignent plus les dangers de la liberté que ses bienfaits ; qu'au douzième siècle elles eussent été oppossées à l'affranchissement des communes, et plus tard à celui des serfs de la glebe ; qu'au quatorzième elles eussent dissuadé Philippe-le-Bel d'assembler les états-généraux ; qu'au dix-septième, en Angleterre, elles eussent été d'ardens adversaires de l'établissement du gouvernement représentatif ; à elles permis : c'est aussi une opinion. Mais d'autres personnes pensent que la liberté est juste, qu'elle est bonne, qu'elle est le meilleur moyen d'arriver au plus grand bien de tous. Ainsi, en admettant que nous tendons également à ce but, mais que nous différons sur le moyens, quelle autorité

jugera entre nous ? Quel que soit l'éloigne-
ment de certaines personnes pour que la nation décide , elles sont pourtant obligées de
convenir que c'est elle qui doit décider ici.

« Certes , si, dans le gouvernement représentatif, quelque chose est destiné à soulager
les ministres de la responsabilité des grandes
mesures , ce sont les élections. Elles sont ,
même pour la couronne , une précieuse ga-
rantie dans les actes qui touchent au bases
de la constitution ; elles sont le contre-seing
de la nation. Et pourtant il semble qu'on ait
toujours pris à tache de l'extorquer quand
on aurait pu l'obtenir autrement. Comment
oser fausser l'action de ce moyen que s'est réservé la prérogative royale pour connaître
l'opinion publique? Depuis sept ans, on a fait
subir toutes les épreuves aux articles de la
Charte qui définissaient les formes électorales;
on a fait aller les électeurs aux départemens ,
aux arrondissemens; on s'est réservé le droit
de déplacer , de diviser , de composer ceux-
ci ; on a donné à des électeurs le droit de
voter deux fois. Il y aurait à faire des volumes
sur les entraves , sur les irrégularités électorales passées.

« Eh bien ! la nation se résigne au peu

qu'on lui laisse; mais du moins qu'elle en ait la jouissance. Nous opposez-vous l'opinion du monarque ? Personne, pas même vous n'a le droit de déclarer si elle est favorable ou non à la septennalité. Mais ce que nous pouvons assurer sans crainte, c'est que le Roi désire que les électeurs de la France lui apprennent ce qu'ils en pensent. Il ne leur demande pas tels ou tels hommes ; mais il leur demande l'expression du vœu de la France constitutionnelle. La dissolution n'en est-elle pas la preuve? Autrement, on se fût contenté de soumettre la septennalité à la majorité dernière, qui, sans doute, l'eût acceptée. On vous a déjà dit cela. Nous opposez-vous l'opinion et le vœu de votre parti que vous appelez la France ? Mais il y a là une étrange manière de raisonner et d'agir. Vous dites : *La France veut ;* et vous voulez empêcher la France de le dire elle-même. Vous dites : *Nous sommes en majorité ;* et vous employez tous les moyens pour obtenir une majorité factice. Vous faites un appel à tous les électeurs, et vos agens font tout pour retarder, diriger, surprendre, intimider les électeurs. N'entendez-vous pas, même dans votre parti, une foule d'hommes consciencieux vous crier, Laissez-nous faire?

Nous savons bien ce que nous voulons. Nous prenez-vous pour des enfans ?

« Outre la responsabilité légale, qui semble ne se trouver que pour mémoire dans nos lois, il existe une responsabilité morale que, sans doute, vous ne voulez pas fuir. Voyez de quelles précautions, de quelles garanties protectrices la loi a entouré la vie d'un accusé! de quelles peines elle punit la tentative de corrompre un juge! N'est-il donc plus ni précautions, ni garanties, ni peines, lorsqu'il s'agit du destin, de la vie d'une grande nation? Et quelles fonctions remplissez-vous dans ce vaste procès, si ce n'est celles d'accusateur public? Qu'avez-vous à faire de plus que d'exposer vos moyens, de donner vos conclusions? Vous avez accusé l'article 37 de la Charte ; soit : l'opposition l'a défendu ; il est p ssible que la nation le condamne comme vous. Supposez même qu'elle rejette d'autres articles encore ; mais, de grâce, attendez qu'elle prononce. Je vais plus loin : j'admets que vous êtes juges aussi : dans ce cas, contraindrez-vous la décision de ceux qui doivent juger avec vous ? Du moins un juré tremble et perd le sommeil avant de prononcer sur la question capitale. Comment appellerons-nous donc celle qui vous occupe? n'y aurait-il que l'existence des peuples dont on pût disposer sans effroi?

« On peut opposer vos paroles d'autrefois à vos actes d'aujourd'hui; mais ce genre d'argumentation s'est usé sur tant de ministres, qu'il ne produit plus d'effet. C'est un point convenu que lorsqu'on est arrivé au pouvoir, on oublie aussitôt ce qu'on a dit jadis en faveur de la liberté; mais les peuples, quoiqu'ils ne gagnent rien à s'en souvenir, ne l'oublient pas ainsi. Dans les temps d'entraînement et de vertige, où un parti se précipite en aveugle vers son but, il ne voit pas autre chose, il ne consulte plus le passé : le présent lui appartient. Que reste-t-il donc à lui opposer? l'avenir. Mais où peut-on lire l'avenir, si ce n'est dans le passé?

« La guerre d'Espagne a été pour vous ce que furent, pour la maison d'Orange, les victoires de la Boyne et de la Hogue. Dans ce temps, en Angleterre, le gouvernement cessa de suspendre ou de menacer les libertés; il reprit la marche constitutionnelle, et ce fut à cette époque que s'établit la triennalité du parlement. Vingt ans après, on introduisit la septennalité : mais c'est qu'alors le danger avait recommencé; le prétendant avait été proclamé en Ecosse. Et savez-vous bien qui l'établit alors cette septennalité dont vous êtes si impatiens ? ce furent les wighs. Savez-vous qui en a profité ? ce sont les torys.

« Quel rapprochement à faire pour vous ! Le présent vous appartient, disais-je tout à l'heure; mais l'avenir, à qui appartient-il, si ce n'est à la génération nouvelle qui grandit malgré ceux qui la maudissent, et qui rassemble en silence, dans l'étude de l'utile et du vrai, cette force morale obéissante aux lois, *résistante* à l'arbitraire, qui convient à des citoyens? Vous aviez une loi qui la laissait entrer d'année en année en possession de cet avenir qui lui est réservé : vous voulez une loi qui l'en investisse tout d'un coup. Vous voulez qu'après un sommeil de sept ans, la jeune France se lève soudain pour vous demander compte de ce que vous avez fait. Mais sur le terrain mouvant de la politique, ne croyez pas qu'un bail de sept ans employé à faire ou défaire, garantisse rien contre le changement ou la destruction. Qu'y gagnera la France? Il faudra recommencer.

« Pour moi, je n'aurais guère droit de montrer une inquiétude si lointaine. A mon âge, sept ans à venir sont un siècle, et que ce siècle est long lorsqu'on a tant attendu. Je suis vieux ; j'ai passé ma vie à invoquer , à espérer la liberté ; l'anarchie, ni le despotisme ne m'a point, découragé ; l'une n'a pu la flétrir à mes yeux , l'autre n'a pu m'en détacher. Le dix-huitième siècle , à qui Montesquieu en avait montré l'image , la réfléchit et la grava dans mon âme. Je saluai son apparition dans la jeune Amérique se séparant de la vieille Europe. Je la vis avec enthousiasme se lever dans notre belle France , où elle fut d'abord unanime et pacifique , et bientôt , irritée par la résistance, et devenue guerrière, passa du prosélytisme à la conquête qui la supplanta. Quand elle reparut en deuil de la victoire , je sentis renaître un espoir que plusieurs ministères ont entretenu sans lui accorder beaucoup. Aujourd'hui que l'avenir semble reculer vers le passé, je ne suis point lassé de la poursuivre, et je l'appelerai encore de mes vœux en entrant au tombeau.

« Combien de Français peuvent en dire autant! que de voix s'élèvent chaque jour! et cependant chaque jour entraîne et les plaintes et les espérances déçues dans cet abîme où nous allons tous. Mais vous n'entendrez jamais ces voix d'hommes qui n'en veulent ni à vos places ni à vos personnes , et qui ne vous demandent que ce que vous devez à la France. Vous songerez plutôt à satisfaire les ambitions qui vous entourent, pour épier le moment de s'asseoir à votre place. Et nous , en attendant , nous irons déposer dans l'urne le dernier vœu de nos cœurs pour la liberté et la paix de notre pays. Pour accomplir ce devoir , nous combattrons tous les obstacles autant que nous le permettent les lois. Si , dans cette générale , et pour nous , peut-être , dans cette dernière épreuve , nos votes étaient repoussés , il ne nous reste plus qu'à couvrir nos fronts de nos mains. Mais du moins, en quittant une vie qui n'aurait plus droit à nos regrets , nous pourrions nous dire , dans la paix de notre conscience : Que le sort futur de la France soit imputé à ceux qui n'ont pas fait leur devoir !

Un vieil Electeur.

LES JOUISSANCES ÉLECTORALES.

AIR : *Du Sénateur, ou Quels dîners les ministres*

m'ont donnés ! (1)

J'ai cinq mille francs de rente,
Sans compter mon capital.
Mes fenêtres, ma patente,
Le foncier, le principal,
Font, réunis sur ma tête,
Une cote fort honnête.
Quel bonheur ! quel honneur !
Quel bonheur d'être électeur !
Ah ! quel bonheur d'être électeur !

Le sous-préfet, dans la rue,
Me sourit avec bonté ;
Notre maire me salue,
Son adjoint m'a visité.
Pour ma voix qu'on sollicite,
D'un grand dîner l'on m'invite.
Quel bonheur, etc.

---

(1) L'auteur de cette chanson s'étant aperçu que les cinquième et sixième vers doivent être masculins pour s'adapter parfaitement à l'air populaire du *Sénateur*, a composé, pour réparer cette petite erreur, l'air qui est joint à cette brochure. Cependant les personnes qui ne lisent pas la musique, et celles qui préféreraient l'air connu, peuvent très-facilement s'en servir en doublant la note pour les deux rimes féminines.

Moi qui ne sais pas me taire,
A ce dîner, je prétends
Que le choix d'un mandataire
Appartient aux commettans.
On me fait une grimace,
Où se cache une menace.
Quel bonheur, etc.

Cependant un éligible
A mon goût s'était trouvé ;
C'est un homme incorruptible :
J'apprends qu'il est dégrévé.
En revanche on me désigne
Un candidat moins indigne.
Quel bonheur, etc.

A me rendre au grand collége
Je m'étais bien apprêté ;
Mais d'un tel soin on allége
Volontiers un patenté.
Pour m'ôter le double vote
On a raccourci ma cote.
Quel bonheur, etc.

D'avoir ses extraits de rôles
Je sais qu'il n'est pas aisé ;
On exige vingt contrôles,
Jamais on n'a tant visé.
Je vais, j'insiste et retourne,
On m'écarte et l'on m'ajourne.
Quel bonheur, etc.

J'ai passé la soixantaine,
Mes enfans sont établis :
J'offre la preuve certaine
Que j'ai trente ans accomplis.
Il manque à la signature
Le sceau de la préfecture !
Quel bonheur, etc.

Or, tandis que je m'alarme
Sur les pièces qu'il me faut,
Mon voisin, par un gendarme,
A reçu tout sans défaut.
Mais on veut qu'un patriote
Aille et vienne, coure et trotte.
Quel bonheur, etc.

Tout au bout de nos frontières
Le collége est convoqué ;
Je franchis les fondrières
Sur mon cheval efflanqué.
Au port enfin quand j'arrive,
Je m'entends crier : *qui vive !*
Quel bonheur, etc.

Mais on trouve sur ma carte
Certains chiffres mal tournés ;
Je veux invoquer la Charte,
Alors on me rit au nez.
C'est en vain que je m'emporte,
Je me vois mis à la porte.
Quel bonheur ! quel honneur !
Quel bonheur d'être électeur !
Ah ! quel bonheur d'être électeur !

L'éditeur croit devoir joindre à cette chanson, une lettre y relative, qui a été adressée de Rouen, à Paris.

La voici :

Nous vous remercions bien de la jolie chanson que vous nous avez envoyée dernièrement à Rouen ; elle dit, d'une manière piquante et gaie, ce que nous disons tous fort tristement ou du moins avec une mauvaise humeur très légitime. Nous la chanterons dans nos diners d'électeurs (car nous donnons aussi des dîners, mais il ne sont ni aux charges du budget, ni à celles de nos candidats). Malheureusement beaucoup d'entre nous se trouvent chanter leur propre histoire.

Nous voudrions qu'on entonnât partout votre refrain à la porte des percepteurs jusqu'à ce qu'ils aient reçus leurs rôles, à celles des maires et des préfets jusqu'à ce qu'ils aient fait droit à toutes les réclamations qu'on leur présente, et publié des listes un peu complètes. Ce sera peut-être le meilleur moyen d'obtenir de l'autorité ce qu'elle n'accorde qu'avec tant de peine. Certes, elle n'entreprendra pas d'imposer silence à des administrés qui se contenteraient de chanter lorsqu'ils ont tant de droit de crier, et cela dans un pays où la plainte, au moins, a toujours été tolérée quand elle s'est exhalée en musique. La monarchie constitutionnelle autorise parfaitement un genre de pétition par lequel la monarchie absolue consentait à passer pour tempérée.

Dans tous les cas, nous ferons bien de profiter du moment ; qui sait si l'on nous laissera chanter sous le régime de la septennalité, quoiqu'il soit probable qu'on nous ferait payer encore !

Agréez, etc.

Un électeur qui n'est pas sûr de l'être.

LES PLAISIRS DU COLLEGE,

RONDE ET CONTREDANSE.

Prix 75.°

A PARIS chez DUFAUT et DUBOIS,

Successeurs de BOCHSA LÉLU et Mme DUHAN,

Rue du Gros-chenet N.° 2,

Et Boulevard Poissonniére N.° 10.

Allegretto.